LYRIK EDITION

Die Lyrik-Edition wird von Bernd Leukert herausgegeben.

1. Auflage 2015

www.editionfaust.de

Druck: Druckhaus Köthen, Köthen (Anhalt)
Printed in Germany
ISBN 978-3-945400-19-7

WERNER SÖLLNER

Knochenmusik

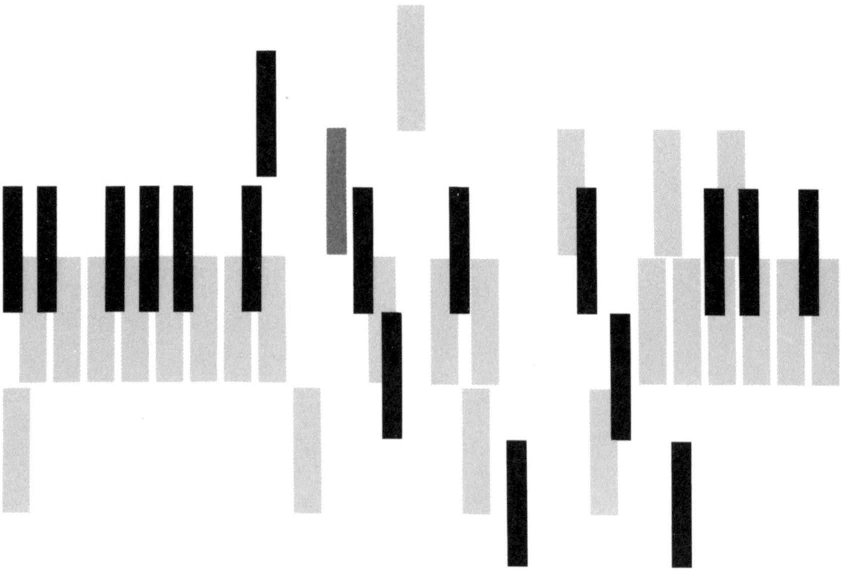

WERNER SÖLLNER

KNOCHENMUSIK

Gedichte

Mit einem Nachwort
von Eva Demski

editionfaust

Hinterlassenschaft

Ein paar Hosen und Schuhe, wintertauglich
fürs Hilfswerk. Neben dem Ehebett, in Reichweite
der Schreibtisch, darauf »die Welt, das kleine
Durcheinander« aus Büroklammern
und Leserbriefen zum Bürgerkrieg.

In der Schublade ein paar Kilo
verstaubtes Papier, in gewissem Sinne
Gedichte, darunter die Angst, eine kleine Madonna
in Leder.

Zwischen Aktendeckeln abgeheftet
der fanatische Glaube an das Wort
Gerechtigkeit, das Vertrauen in das Wort
Harmonie durchs Ordnungsamt.

Gestorben, der Erblasser, zwar nicht
im eigenen Bett, immerhin würdevoll, aufrecht
sitzend, mit der Hoffnung
auf baldige Verkabelung
und immer
hochachtungsvoll.

Sein Mund, endlich geöffnete Tür,
durch die geht, stillgestanden,
meines Vaters Herz
in meinen Mund.

Mutters Mund

Auf einem weißen Laken
hingestreckt die Frau, allein
in ihrem Bett. So jung und wach
und schön, sagen die alten Männer,
die sie kannten.

So schrecklich nackt – Schenkel,
Bauch und dunkle Höfe
auf den Brüsten, behaarte Lippen
um die Spalte, aus der, mit Schleim
verschmiert, die Welt ans Licht
gekrochen ist.

Daneben: Ich, ein Wort. Ein alter
Sack voll Rotz und Wasser, wartend.
Schau meiner Mutter
in den Mund. Auf mich. Und
daß ich endlich eine
rauchen kann.

Erbarmen. Ich steh am Bett, bleib
stumm, schau fort. So jung
und wach. Jetzt schläft sie
endlich, schläft sich wund
bis auf die Knochen. Sie stirbt
sich jetzt gesund. Ich halte ihren Tod,
das Kind, in meinen Armen.

Sie liegt und schaut
mich an und strahlt, als sei ich grad
zur Tür hereingekommen.

Quastenflosser

Es dürfte ihn gar nicht mehr geben. Eigentlich tot,
seine Ordnung, aber ein paar Exemplare des Latimeria
chalumnae sind noch da. Fachleute hatten es
schon lange vermutet, aber entdeckt wurde
das fehlende Glied in der Kette erst spät, auf einem Fischmarkt
auf den Komoren. Eine kleine Sensation mit aufgerissenem Maul
auf einem stinkenden Brett, von Fliegen bedeckt.

Häßlich seine höckrigen Schuppen, unansehnlich
die Fleckenmuster, die sich nicht ändern von der Geburt
bis zum Tod. Tagsüber döst er in Höhlen. Die verläßt er
unter heftigem Schlagen der kleinen Schwanzflosse
erst abends und begibt sich auf Nahrungssuche. Unterwegs
in der Tiefsee orientiert er sich an den magnetischen Anomalien
im Lavagestein der kalten Unterwasservulkane. Auch wer
ihm den Bauch aufschneidet, weiß nicht genau, was er
frißt. Auch sonst ist wenig bekannt über ihn. Nur daß er
beim Schwimmen nie den Boden berührt. Ein ökologischer
Fisch, völlig aufs Energiesparen eingestellt. Er erschrickt
nicht, wenn er beobachtet wird, aber er zieht es
vor, sich abseits zu halten.

Seit man ihn wiederentdeckt hat, werden ihm gelegentlich
Ultraschallsender ins Fleisch geschossen – er reagiert gar nicht
darauf. Ein Beweis für die lebenserhaltende Macht
der Gewohnheit, sofern man sie Millionen Jahre
fernab von allen Beobachtern auslebt.

Besuch

Guten Tag, Sprache. Lang
nicht gesehn. Wie geht's? Komm
herein. Siehst ziemlich verhärmt
aus. Kein Wunder, wenn man allein
in der Welt ist. Komm herein
und hör auf zu jammern. Du gehst
fremd, Sprache. Trink deinen Kaffee
und geh.

Und ich? Oh. Danke, passabel. Keine
Vorwürfe bitte. Fremd bin ich
mir selber geworden, aber es liegt
nicht an dir. Es liegt daran, daß man sich
dauernd verzählt. Immer schaut man sich
um und fängt an zu zählen und kommt
zu einem anderen Ergebnis. Richtig
oder falsch. Wer das entscheidet? Vielleicht
die Wespe, die grad im Zucker erstickt. Oder
der Stern, der auf uns zurast und nicht unterscheiden
kann zwischen unsrer Geschichte und unsren
Geschäften.

Café Americain

In einer Zeitung
heute, als ich dem Herrgott
die Zeit stahl, las ich
nach langer Zeit
meinen Namen.

Sieh einer
an, dachte ich
und bezahlte. Es
gibt nicht nur
die Medien.

Die Nuß

»Daß uns ja nicht der Sieg überrascht.«
Adam Zagajewski

Vor einiger Zeit,
als die Geschichte getan hat, was
getan werden mußte, fing es an,
das Erstarren im Augenblick
der Begierde.

Im Schatten des Nußbaums
schläft die Vernunft und verwandelt sich
in eine fleischfressende Pflanze,
in den künstlichen Paradiesen trocknet
die Hoffnung, schweißnasses Laken
von früher, und legt sich, ein feiner Staub,
auf die Linsen.

Tötet nicht eure Feinde, ihr werdet
sie brauchen! Die Zukunft ist beunruhigend
nah, einen Steinwurf entfernt.

Und die unreife Nuß
in der Hand – ist sie Kern
oder Schale? Schwarzes Entweder-Oder,
das nicht aus der Haut geht.

Villa am Wannsee

Auf dem Schreibtisch
Rettungswege, Alarmzeichen
unter Glas, wie vor Jahren
als ich erschrak
vom Trommelwirbel
vom Schweigen

Heile Haut, hirn-
verbrannt, gehorsamst herübergeredet
die Zunge, Rauchmelder im toten Winkel
des Obdachs, wie vor Jahren
als ich im Lichthof erwachte
aus einem überflüssigen Traum
und vom Brandschutz erschrak
von den Mauern, vom Reden

Spaziergang

Für Heinz Czechowski

An einem Abend im Herbst
geh ich mit Czecho, der nicht zu den Siegern, der
zu den Überlebenden zählt, durch die dunklen Ränder
von Leipzig, durch die Sümpfe, in denen
berittene Helden versinken, vertieft
ins Selbstgespräch der Geschichte.

Zwei Schatten am goldenen Vorhang
mitten durch Deutschland, wir sind
ein Fußvolk, Avantgarde
am Ölberg, darin noch Wörter
sich umdrehn, Mauern, geborsten
im Krieg, im Frieden
geschleift.

Überall ist
was wir meinen, wir haben
auf Vorrat getrauert.

Korrigierter Entwurf

Wie eine Wunde
flimmert die Welt. Nachts fällt Manna
von irgendeinem Himmel voller Bomber,
Verbandsstoff, Gerüchte von Brot. Von Teller zu Teller
geistern die Trailer, Sterben ist sinnlos, wenn
es sich wiederholt, der Tod ein Dorn
im Auge der ewigen Nachricht, nichts als
ein Wort, ohne Kommentar
zum Kotzen geistlos.

Die Welt ist unter die Redner
gekommen, und vor dem Krieg kommt
das Geschwätz. Es ist alles
gegessen schon vor dem Hunger, alles
gewußt, was keinen mehr angeht, bevor
es geschah.

Schwester, nimm dich in acht!
Nichts ist unwiederholbar. Reich mir
das Schweigen, sprich durch das Gitter
zwischen den Zeilen, aber halte die Hand
vor den Mund. Ein einziges offenes Wort
und du verschwindest.
                Eingekesselt im Ich,
Wächter des Schlafs, bleibe ich sprachlos
im Halbtraum, halt ich am Fenster den Stein
in der Hand, seh ich die Leuchtspur
zum Schädel.

Wir beide auf dem Bett
im dunklen Zimmer. Du, ein waches Tier
mit einem Geheimnis. Und ich neben
dir, ein schlafendes Tier, wie ein
fremdes, ein unsagbar fremdes
Unglück, von Anfang
bis Ende.

Rasend schnell dreht sich
die Erde. Vielleicht schleudert es
uns irgendwann hinaus nach
irgendwohin, und wir finden
uns wieder. Zwei fremde Tiere
auf einem ganz anderen Stern.

Jede Nacht, pünktlich
um drei, weckt mich
die Wahrheit.

Und ich erschrecke
davor, liege schlaflos im Dunkeln
und frage:

Ist es meine Wahrheit, vor der
ich erschrecke, oder ist es
die Wahrheit der andern? Und welche
von beiden ist schlimmer?

Erschrecken, nachts

Gott stülpt seinen Handschuh
den Himmel um.

Die Sterne gehen aus
einander. Schwarze
Löcher schließen sich.

Der Raum ist krumm
mehr als wir dachten.

Wer sehr in Eile ist
darf verschwinden
vor der Zeit.

Ist das alles wohl
grenzenlos oder zieht sich
bloß Einsteins Magen zusammen
auf der anderen Seite
der Welt?

Über den Dächern von Amsterdam

In einer fremden Stadt
im Lande Nie
hat mich mein Vater besucht.
Ich hab ihn gerufen. Auf dem Dach
eine Taube, auf dem Fensterbrett die blinde
fremdelnde Katze, auf dem Tisch eine Tasse
Kaffee. Wolken aus Milch.

Er hat auf dem Korbstuhl
gesessen, zögernd und still. Ein bißchen
entfernt. Als sei er, wie früher, anderswo
zuhause. Und dort jemand anders. Genosse
Gott zum Beispiel, im irdischen Paradies
im Exil. An den Händen dünne
altersfleckige Haut.

Mit lauter Stimme
hab ich erzählt. Von Angstlust
und Schuld, von Krieg und Schweigen
in mir. Vom Erbe. Von früher und nie.
Alles vielleicht. Ich weiß nicht. Das Leben
um mich herum wächst wie ein Gott
aus Aluminium.

Draußen hat es zu regnen
begonnen. Es ist nicht so einfach, hat er
mit meiner Stimme gesagt, wie du
es dir machst. Es ist einfacher
schwer.

Traum, es ist Zeit. Hast du
Fahrkarten für die Tram? Ja,
Vater. Vollmond überm Leidseplein. Außerirdische
mit Augen, Mündern, Ohren. Das Herz, höre
ich, schlägt links
unterm Portemonnaie.

Es ist Zeit, höre ich
eine Stimme, erfinde. Für ein paar
Gulden. Von Blinden, Stummen, Tauben.

Nie wieder

Wo ist meine braune Haut geblieben?
Und das Wasser, das mich trug?
Und ich hatte keinen Grund zum Lieben
und das war mir Grund genug.

Ach, ich hab mich viel zu oft gewaschen
und für Engel feingemacht.
Jetzt bin ich in Gottes Hosentaschen
ganz erschrocken aufgewacht.

Ja, ich Esel hab geheult vor Trauer
und hab ohne Grund gehofft.
Und das Ijsselmeer, die nasse Mauer,
das nie wieder, es bedeutete noch oft.

Kopfgeburt

Heut hat es in Holland geregnet,
dabei war es seltsam warm.
Da bin ich mir selber begegnet:
Ich hielt meinen Kopf im Arm,

als hätte ich plötzlich geboren
ein erfrorenes Kind,
als hätten wir beide verloren,
was wir verzweifelt sind.

Ich hab es mit Fassung getragen,
hab auch spöttisch gelacht.
Nun hab ich am Hals noch den Kragen.
Hab ihn schnell zugemacht.

Knochenmusik

Im September an der Prinsengracht,
da wollte ich nicht mehr leben.
Da hab ich, Anne, an dich gedacht
und ging ins Rentrée einen heben.

Ein Ober in Weiß, er brachte Wein
zu einem besonderen Essen.
Ich fühlte mich vornehm, allein
und fast wie alteingesessen.

Der Engel, der mir zu Kopfe stieg,
er war schwarz anzuschauen.
Auf dem Heimweg lag Knochenmusik
überm Wasser, dem grauen.

Jeder Mensch hat
ein Geheimnis.

Für den einen
ist es ein Abgrund; wenn er
hineinschaut, stürzt er
zu Tode. Für den andern ist es
eine Brücke über den Abgrund.

Tinnitus

Über das Rauschen
im Ohr, heißt es, soll man
nicht nachdenken. Es hört
sonst nicht auf.

Tags ist es lauter
als alles, was es sonst
noch zu hören gibt. Und auch
im Schlaf ist es da. Es hört
einfach nicht auf.

Und als ich lange Zeit
darüber nachgedacht hatte, habe ich
damit aufgehört. Und das Rauschen
war immer noch da.

Jetzt wußte ich, was
es war, dieses Rauschen. Es war
das Atmen aller Schlafenden dieser Welt, das
Stöhnen aller Liebenden und das Schreien
aller Gepeinigten. Alles zugleich
und auf einmal.

Das ist es, was mich begleitet
bei Tag und bei Nacht. Sphärenmusik.

Was war

Da war doch noch etwas. Ach ja,
die Liebe. Und daß sie uns fehlt.
Ein blasses Erinnern, déjà
vu. Was uns sonst noch so quält

und welche Rolle wir spielen
in Wirklichkeit, hat kein Gewicht:
Ich, das an den andern, den vielen
anderen Rollen zerbricht.

An der Donau

Halb lag sie auf Erde
halb lag sie auf Gras
Und etwas sich fließend
nach innen las

Halb schloß er die Augen
und halb war er ganz
Sprechende Pappeln
und Kieselglanz

Halb atme ich Wasser
und halb trink ich Stein
Ist fast vergangen
Bald wird es sein

Gewitternacht

Auf leisen Sohlen
geh ich durchs Haus und schließe
die Fenster, damit ich die Augen
nicht öffne und sehe, wie die Liebe
hinter verschlossenen Türen
sich doppelt verkleidet: einmal
als Rettung und einmal als
Unheil.

Gegen Morgen seh ich
im Traum, wie die beiden Gesichter
verschmelzen, wie die Erscheinung
sich auflöst. Ich grüße dich, alte
Geschichte, die einen einfachen Wunsch
hinterläßt.

Auf dem Tisch eine Tasse
Kaffee, im Bodensatz, doppelt, die alte
Geschichte vom Verrat am einfachen Leben
mit Morgen, Mittag und Abend.

Hausarbeit

Ich habe Wasser
getrunken, die Lippen sind mir
verbrannt. Jedes Wort
eine Hölle, jede Hölle
ein Wort. Wie ich noch lebe,
weiß niemand, nur ich und mein
kahlgeschorenes Herz. Die Asche
kehren zum Staub, den Staub
zu der Asche. Ein Korn
heb ich auf.

Leeres Zimmer

Zugehängt mit weißen Tüchern
die Fenster, morgens beim Aufstehn
blüht eine Rose im Fleisch.

So wenig lieben wir
uns. Aber das ist nicht
das Problem, sondern daß
wir, das Ich als Axt
in der Hand, zuschauen
ohne ein Wort, wie uns langsam
verläßt, was uns längst schon
verlassen hat.

Mauer, Nagel, Bild

Für Christoph Meckel

Mein Gedicht ist ein Nagel
in einer Mauer.

Daran hängt mein Gedicht,
ein Bild von der Mauer
mit einem Nagel darin.

Landregen

Mein kahlgeschorenes Herz
tut seine Arbeit
unter der Treppe, es sitzt
hinter Gittern und redet gut
zu sich selbst.

Im Schlüsselbeinzimmer
die Liebe hat sich verkleidet
als großes Gewicht. In der Ecke
zittern die Kinder, schwarz
wie Götter im Juli.

Ein Engel aus Blei,
wie aus der Sprache gefallen, fällt mir
ins Wort: Der Krieg
hat noch nicht aufgehört.

Monsieur Malheur

Für Susanne

Als sonst gar nichts mehr ging –

du im Posteingang. Ach herrje.
Du sagtest, bleib aber lang
und ich hörte, ich ging, als der Schnee
einmal im Sommer, er sprang

mir ins Aug, wie du siehst, komm ja
und bleib aber nicht, sagst du, und hör
wann kommst du, zum Henker, ich sah,
sagtest du, dich. Monsieur Malheur.

Ich bleibe, sagst du, und geh
schon und bleib mit Haut und Leib
und wahr ist es, sag ich, ich seh
daß du schön bist. Unzeitvertreib.

Du sagst, du weißt, sagst du, ich beiß,
sag's mir ins Ohr, daß ich es hör.
Ich weiß, aber mach mich nicht heiß.
Wie geht's denn so, Monsieur Malheur?

Ich sag, ach komm, sagst du. Aber geh.
Es tut so weh, was ich hör, und gut,
es ist schön, aber es tut mir nicht weh.
Ich hab gehört, es ist Blut.

Komm, aber es geht. Wortweh sprang
mir das Aug in den Kopf. Ich hör, hör,
sag ich, wir bleiben nicht lang.
Herzverbleib, Monsieur Malheur.

Veränderung

Bis gestern hab ich an den Tod gedacht
und hab ihm recht gegeben.
Was hast du nur mit mir gemacht?
Ich will jetzt lieber leben.

Na gut, ich hab's mir doch noch überlegt.
Das ist ja ganz gelogen:
Du hast dich nämlich nur bewegt,
hast meinen Kopf betrogen

mit Mund und Augen, Haut und Haar.
Was soll ich jetzt bloß machen?
Jetzt bist du ernst und, wirklich wahr,
ich muß jetzt leider lachen.

Im Bergel

April, gehst naß übers Land
mit kleinem Gepäck
und zeigst mir den Rand
zwischen Weinberg und Schreck.

Bald steigt auch der Mai
in die Gerüchte herab;
lacht allen herbei,
was sich unlängst begab:

Den Schlag ins Genick,
der uns ein bißchen verfehlt,
das Holz und den Strick
bis zum Anfang erzählt.

Der chinesische Löffel

An einem Tag im November, als ich
aus einem Versehen heraus
Erich Fried war, unter anderen Gästen
in einem Wiener Museum, das voll war
von Hrdlickas marmornen Schwänzchen, drapiert
mit Kanapees, Prosecco und Bier –

da schaute ich zu, wie all die erwachsenen
Kinder ihre Mutter ad nauseam
verzehrten, privat und politisch, angerichtet
mit Fisch und Zucchini auf blaugemustertem
Porzellan, da wußte ich endlich, daß diese Welt
sich nicht mehr verwandeln wird
ins von wem wohl und wie und warum wohl
anders Gemeinte –

an einem Tag im November, als ich
der vielen, zu vielen Gedichte
gedachte und dessen, was ist, was
es ist, da schaute ich zu, wie Sartre
sich umdreht im Mund eines aufgeklärten
Ministers, da umarmte ich den chinesischen Löffel
wie Nietzsche sein Pferd, mit Nausikaa
ging ich und pflanzte ein Bäumchen
ins Heute.

Frankfurt am Morgen

Es läßt sich leben
auch morgens um sechs
vorbeifahrend an den hohen Häusern
in denen das Geld sitzt.

Das Leben hat Geduld –
es läßt sich leben.

Nur ich hätt' es gern anders.

Wohnte lieber
mit bescheidenen Menschen
und sähe dein schönes Gesicht im Schlaf
wie zum Beispiel heut früh
bevor du weggingst von mir
weil du mich liebtest
wie dich.

Die Engel grüßen mich
in den Straßen von Frankfurt.

Nur noch die Engel. Sie sind noch
da, die mich kennen: Die junge Frau, die jeden
anspuckt, wenn er ihr einen Schritt
zu nah kommt. Der Mann mit dem offenen
Bein, der uns auf dem Parkplatz
vorm Rewe die Lücke zeigt. Die alte
Frau, die endlich sterben will, »nichts«, sagt
sie, »als sterben, ich weiß gar nicht, warum
das nicht geht«.

Sie grüßen mich alle, die Engel
von Frankfurt, die Irren
von Höchst und gehn dann zurück
in den geschlossenen Himmel.

Offener Sonntag

Im übervölkerten Paradies
ein farbiges Fenster, dahinter
die endlose Landschaft mit Wasser
und Himmel und Sonne. Freiheit
ist käuflich, lese ich
auf dem Plakat.

Du und ich, unterwegs
durch das Bild. Lachend, mit strahlenden
Augen ins Helle. Irgendwohin, zu
den Pinien vielleicht, dort am rechten
Rand, wo es aufhört, wo
es weitergeht.

In der Mitte, zwischen
uns beiden, der Hund. Der Fahrtwind
weht ihm die Ohren
nach hinten.

Du und ich und keine
Vergangenheit, keine Zukunft. Nur
jetzt. Ich schau dich
an, wie das Ende keine Macht
über uns hat.

Das Offene, mit Photoshop
in den Sommer gebracht.

Was in diesem Sommer
passiert ist: Wir drei, du und ich
und der Hund, waren
in Limburg, und der Hund hat ans Haus
des Bischofs gepinkelt, aber es hat ihm
kein Glück gebracht. Snowden ist nach
Moskau geflogen und hat dort uns dreien
erzählt, wie sehr man sich kümmert um uns. Aber
auch ihm hat's kein Glück gebracht. Du hast dich
gefreut, daß du bald frei sein wirst. Frei. Und
du hast sonst wenig gesagt. Und ich weiß
nicht, ob es dir Glück gebracht hat. Und die Lahn, und
der Dom. Und im Café haben wir Eis
gegessen. Sehr warm ist es gewesen, ein
Bilderbuchsommer. Das Nahe war fern, und das Ferne
weit weg. Und ich habe gemerkt, ich habe
Zahlen im Kopf, nichts als Zahlen.

Wetterlage

Es regnet, draußen spielt
sich der Wind auf, unsichtbarer
Pilot, der seine Fracht, die Geräusche,
abwirft, wann immer sie ihm
zu schwer wird. Autos, Schreie
von Kindern auf dem Balkon gegenüber,
Hundegebell, im Garten ächzt sich
der Kirschbaum zu Tode, in seinem Schuppen
sägt der Nachbar Kaminholz.

Nichts ist hier zu hören
vom Krieg, unsere Insel ist groß
genug für die Schreie
der Verwundeten, und schon die Nachbarn
der Mutter, die sich wimmernd
über ihr totes Kind beugt, schlafen
gerecht.

Wir werden auch diesen und den nächsten
Sturm überstehn. Auf öffentlichen Plätzen treibt
die Aufklärung seltsame Blüten. Wenn sie
sich anschicken, eine Erfahrung zu machen, sagen
die Dichter, daß es nichts mehr
zu preisen gibt, und halten rechtzeitig
inne.

Zwei Wespen, ach

Mit finsterem Gesicht sitze ich
da, in einem Café, und schaue einem jungen
Paar zu. Streit. Er will herein, sie will
hinaus.

Vor mir auf dem Tisch
eine Wespe, die wütend das gläserne
Herz mit dem Zucker umschwirrt, bis sie
sich durch die kleine Öffnung
gezwängt hat, hin zu der anderen
Wespe, die endlich hinaus will.

Und ich sitze hier
und trinke Kaffee, greife gedankenlos
nach der Dose und kippe mir Zucker
in die Tasse, so daß die zwei
Wespen verrecken, unter der süßen Last, im Angesicht
eines gleichgültig kaffeetrinkenden Gottes.

Zweite Natur

Staunend
über die Ausdauer, mit der das Lebendige
lebt, über die Phantasie
der Triebe, schau ich zu, wie der Garten
langsam verwildert.

Ich weiß, ohne irgendein Recht, da
zu sein, bin ich hier. Fristlos kündbar
sitz ich am Zaun, arglos fertig
gemacht unter einem fremden Stern, herbeizitiert
in die Haut, diese einmalige Geschichte,
und bereite mich vor, während
der fleißige Nachbar das Gras
von der Klinge wischt, damit sie
nicht rostet.

Im gemieteten Paradies nenn ich
nichts Nennenswertes mein eigen, nur
eine machtlose Art Liebe, die fremd gehen wird
mit dem Tod, nur die paar gepackten
Buchstaben, auf denen ich sitze, nur
die Erinnerung, das fleißige Lieschen
meiner Irrtümer, stetig wachsende
Zweifel, meine zweite Natur.

Sicher, auch traurig geworden
auf natürliche Weise, als ich erwachte
und den Schlüssel blutrot im Gras
sah, ohne mich bücken zu können. Wenn
ich wüßte, wer das getan hat, ich würde
hingehn. Aber so bleibe ich, ungefragt
staunend, am Zaun, so beuge ich mich
vorläufig über ein Blatt, verliebt
in etwas, ohne Hoffnung
auf mehr.

Seestück

Freiheit, wort-
los zu sein!

Als sei jenseits der Sprache
eine andere, flüssige Welt. Als tauchte
die Angst aus dem Wasser
und verwandelte sich in ein ungeheuer
einfaches Leuchten. Als könnte ich
in der Dunkelheit ausmachen
einen Weg durch mich selbst.

Doch kaum bewegt sich
das Segel, zieht das Geisterschiff
seine Bahn, an den Inseln
vorbei, und der Rudergast zeigt
mit fleckiger Hand
auf den Nebel an Deck.

Vor mir geht
mein Hund, und hinter mir,
Vater, bist du.

Der Hund zeigt
mir den richtigen
Weg. Und du, Vater,
schaust, ob ich
ihn gehe.

An einem Tag im Oktober, als
ich geträumt hatte, wer ich in Wirklichkeit bin, da
staunte ich, nach dem Erwachen.

Der Mond war schon aufgegangen, die Sonne
kühl und entfernt. Ich hatte
geträumt, ich sei gefangen. Aber ich war
es nicht, und ich war nicht frei. Ich sei
ich, aber ich war es nicht, und war
kein andrer. Ich sei entblößt, aber
war von Kopf bis Füßen bedeckt, und war nackt.

War müde, saß auf dem Balkon, atmete
die Geräusche. Ich dachte an das Wort
ich von außen. Neben mir schlug ein Herz
in einer anderen Brust. Es war
deins. In Wirklichkeit wußte ich nichts
von dir. Nur daß du da warst (kühl
und entfernt). Und ich, der Mann
neben dir, im Mund
einen Mond.

Nichts ist gekommen, wie
wir es wollten. Alles ist anders
gekommen.

Das eigene kleine
Leben wird über Nacht
Geschichte. Eine schöne
oder eine schlimme
Geschichte. Die dauert
ein paar Jahre und geht
dann zu Ende.

Liebste, du gehst
in die Küche? Bring mir doch
bitte ein Glas mit, ein Glas
Wasser. Oder ein Wort, vielleicht
noch ein Wort.

Du sagst, ich soll es
richtig machen, ab heute. Du
sagst, es sei genug. Wenigstens
ab heute soll ich es endlich
richtig machen.

Weißt du, alles, was ich
falsch gemacht habe, war falsch,
weil ich es richtig machen
wollte. Alles und immer
nur richtig. Nach Vorschrift
von selbst.

Laß es sein, Liebste. Laß es
bitte sein. Nicht heute.
Laß mich bitte, nur
heute, das Richtige tun, auch
wenn es falsch ist.

Ich, Liebste, spreche
zu dir. Der Fremden von
nebenan.

An so vielen Orten bin ich
schon ich gewesen, daß ich
nicht mehr weiß, wer ich bin.

Ich habe so viel
gesehen. Alles war zuerst
ganz nah und lebendig, dann
war es plötzlich weit weg. Ich kann
nicht mehr nur ich selbst
sein, mir ist so eng.

Deshalb schreibe ich dir
und den andern.

Meine Haut
ist tätowiert von
innen.

Mit Bildern und Sätzen
von früher. Irgendwo, fast in
der Mitte, etwas, das
weh tut. Ich sollte weniger
rauchen.

Fast mein Innerstes,
Liebste, ist nach außen
gekehrt. Du sitzt in der U-Bahn
und liest meine Haut
in der Zeitung. Sie gehört mir
nicht mehr.

Das System bleibt
geschlossen. Nur Geschriebenes
ist Geschichte, nur
das Fremde.

Wie jung ich war. Und wie stark.
Wie offen die Augen zur Welt.
Wie groß die Menschenliebe,
die alles zusammenhält.

Wie alt ich bin. Und wie müd.
Wie klein meine Spur in der Welt.
Und wie die Haut immer noch
nicht auseinanderfällt.

Wie jung ich war. Und wie schwach.
Wie schrecklich fremd die Welt.
Wie klein meine Liebe,
die zu dir hält.

Dünn geworden bist du, Dichter!
Dünne Haut um spitze Knochen.
Und das Feuer aus den Augen
hat sich in den Arsch verkrochen.

Spät geworden ist es, Dichter!
Keine Schönen, keine Nackten.
Von den wundersamen Träumen
sind geblieben: Fakten.

Eng geworden ist es, Dichter!
Zwischen dir und allem andern
ist kein Platz mehr.
Laß uns wandern.

Silvester

Ich werde ab heute
keinen Unsinn mehr treiben. Ich
werde nicht gehn und ich
werde nicht bleiben.

Ich werde ab heute
nicht reden, nicht schweigen.
Ich werde die Sprache
nicht mehr vergeigen.

Dir, Liebste, werd ich
Joschi vererben. Ihr werdet
leben, und ich werde nicht
sterben.

Swift Code

»…more mercy in a heathen…«

Du, die ich
meine. Dir sag
ich's, der Küste:

Es ist jetzt ein Meer
in mir, eine Wüste. Der Mond
bewegt meinen Mund, der Wind
mein Haar. Da läuft eine Ameise
über mich, dort taucht ein
Fossil aus mir auf.

Und siehe, hier ist
die Insel, die über der Welt
fliegt und die Sonne verfinstert. Und
die Yahoos, die mit einem Auge
nach innen schaun, mit dem andern
nach oben. Und endlich Gott, der
aus dem Licht einer Gurke
zu Facebook herabsteigt.

Dir sag
ich's, nur dir:

Es ist jetzt ein Riß
in der Welt, von der Mitte
zum Rand. Laß uns gehn. Komm,
gib mir die Hand. Laß uns
aufs Königshaus pinkeln, mit
den Pferden. Und laß mich

raten, daß ich weiter
wüßte als bis
zur Bank. Ich und du
auch.

Eva Demski

SIEBENUNDVIERZIG GEDICHTE

Das Leben hat den Dichter Werner Söllner durch ziemlich viele Stacheldrahtverhaue gezogen, politische und persönliche, wobei sich das nicht immer trennen ließ. Er ist darüber aber kein Tragiker geworden und schon gar kein Pathetiker. Im Gegenteil, es gelingt ihm sogar, jede poetische Kostümierung zu vermeiden. Er veranstaltet kein Wörtergetänzel und keine Verrätselungsshow, er hängt sich keine Toga um und stellt sich nicht auf Kothurne. Er notiert, was nötig ist, für uns, für seine Leser. Manchmal denke ich, er selber bräuchte sie gar nicht für sich, diese Lebensrandnotizen, aber er verschenkt sie, nicht oft, nicht viele, seit vielen Jahren. Am Rand steht der Dichter und beobachtet, läßt geschehen, weil nichts zu ändern ist.

und welche Rolle wir spielen
in Wirklichkeit, hat kein Gewicht:
Ich, das an den andern, den vielen
anderen Rollen zerbricht.

Vom Rand her und an den Rand geraten, von dem man nur noch fallen kann – das immer wieder durchzuleben gerinnt zu Textpartikeln, lakonisch, trocken, distanziert. Wahrscheinlich wartet er, bis sein Material hart genug geworden ist, um es zu bearbeiten. Bei Söllner empfinde ich Sprache oft dinglich, wie eine Art Stein.

Seine Kunst hat er immer wieder Dichterkollegen zur Verfügung gestellt, als einer jener Übersetzer, die so gern kongenial genannt werden. Das ist er, weil er seine Qualitäten durchaus kennt und sich deswegen über die anderer freuen kann. Ich habe ihn nie konkurrent erlebt, höchstens milde erstaunt über manche poetische Lärmentwicklungen.
Was ist das Geheimnis, was ist es, das ein Gedicht ausmacht?

Für den einen
ist es ein Abgrund; wenn er
hineinschaut, stürzt er
zu Tode, Für den andern ist es
eine Brücke über den Abgrund.

Manchmal habe ich befürchtet, daß er verstummen würde, nicht wegen solcher Kindereien wie Blockaden oder Leereseitenphobie, sondern wegen der Gewißheit, die allen großen Skeptikern eigen ist – welche Wörter auch immer man macht, und wenn es noch so schöne und wahre sind, alle bleiben vergeblich.
Gedichte zu schreiben, hat Marcel Reich-Ranicki einmal gesagt, sei eigentlich keine Tätigkeit für einen erwachsenen Menschen. Das war, wie so oft bei ihm, eine in Provokation verpackte Wahrheit. Denn sie sind ja allesamt nicht leicht zu ertragen, die Dichterattitüden, die seit der Romantik überlebt haben, das Verkünderische, das Kostbare, das Exaltierte, das Rauhbeinige, das Ungezogene, das Skandalöse, das Weinerliche, das Ordinäre, das Weltrettende, das Einfürallemale, das Kindliche, das Als-ob-Weise – es gibt noch viel mehr Rollen, Söllner kann sie alle nicht spielen. Ich habe

keine Ahnung, ob ihm nicht manchmal lieber gewesen wäre, er könnte.

Siebenundvierzig neue poetische Nachrichten, wenn man sie liest, erfährt man mehr über sich selber als über den, der sie geschrieben hat. Der Hund kommt vor und die Liebste, die Donau und Frankfurt, *die Erinnerung, das fleißige Lieschen.* Gar nicht viel Tod und Drama. Nur tief untendrunter ist beides verwahrt in diesen unglaublich alltäglichen Gedichten, die sich im Leserhirn, im Leserherzen festhaken.

Seinem Kollegen Christoph Meckel widmet er eine poetische Gebrauchsanweisung:

Mein Gedicht ist ein Nagel
in einer Mauer.

Daran hängt mein Gedicht,
ein Bild von der Mauer
mit einem Nagel darin.

Söllners Verse sind Häuser mit hellen Fenstern und vielen Kellerräumen, Verliese sind da, dunkle Fluchtorte, aber man ahnt sie nur.

Manchmal reimt er, das geschieht wie zufällig, und ich denke, wenn ihm der Reim nicht einfach entgegenfiele wie etwas, das sowieso reif ist – er würde nicht danach suchen, sondern es einfach bleibenlassen mit dem Reimen.

Bei all dem, was ich über seine Art zu arbeiten denke, muß man wissen: Es ist reine Spekulation. Wir haben in den Dutzenden von Jahren, die wir uns kennen, so gut wie nie über das *Wie* gesprochen, dieses große *Wie*, das in Seminaren und Creative-Writing-Kursen, auf Universitäten, Volkshochschulen und in sonstigen Hilfsorganisationen verhandelt wird. Schreiben war zwischen uns nie ein Thema, obwohl es in seinem Job im Literaturforum genau darum geht, wie man es erklärt, lehrt, beurteilt, unter Leute bringt, verbessert und nicht zuletzt finanziert.

Nach einer sehr öffentlichen Krise vor wenigen Jahren, deren Brandspuren man in seinen Gedichten finden kann und in deren stürmischem Verlauf ich viel gelernt habe über Schuld, Sühne und die verblüffend hohe Selbsteinschätzung vieler Zuschauer aus Kultur und Politik, die sich mit großer Lautstärke zu Richtern ausriefen, hat er erschöpft zu mir gesagt: Aber ich schreibe wieder. Meine Misanthropie hatte damals den Punkt erreicht, daß ich dachte, man kann's auch lassen. Kann sein, daß gar nicht mehr über das große *Wie* gesagt werden muß als: Aber ich schreibe wieder.

ging ich und pflanzte ein Bäumchen
ins Heute

Aber ich schreibe wieder. Notizen wie Nägel, Wegbeschreibungen, manchmal komisch, wenns eben komisch ist –

Hrdlickas marmorne Schwänzchen, drapiert
mit Kanapees, Prosecco und Bier –

manchmal todtraurig, immer aber verwundert darüber, daß es so ist, das Leben, und daß man es aushält, manchmal sogar gern.

Aber ich schreibe wieder, sagt der Dichter.

Was denn sonst.

Inhalt

Hinterlassenschaft	7
Mutters Mund	8
Quastenflosser	10
Besuch	11
Café Americain	12
Die Nuß	13
Villa am Wannsee	14
Spaziergang	15
Korrigierter Entwurf	16
Wir beide	17
Jede Nacht	18
Erschrecken, nachts	19
Über den Dächern von Amsterdam	20
Nie wieder	22
Kopfgeburt	23
Knochenmusik	24
Jeder Mensch	25
Tinnitus	26
Was war	27
An der Donau	28

Gewitternacht	29
Hausarbeit	30
Leeres Zimmer	31
Mauer, Nagel, Bild	32
Landregen	33
Monsieur Malheur	34
Veränderung	36
Im Bergel	37
Der chinesische Löffel	38
Frankfurt am Morgen	39
Die Engel grüßen	40
Offener Sonntag	41
Was in diesem Sommer	42
Wetterlage	43
Zwei Wespen, ach	44
Zweite Natur	45
Seestück	47
Vor mir geht	48
An einem Tag im Oktober	49
Nichts ist gekommen	50

Du sagst	51
Ich	52
Meine Haut	53
Wie jung	54
Dünn geworden	55
Silvester	56
Swift Code	57
Eva Demski: Siebenundvierzig Gedichte	61

In der Lyrik-Edition erschienen:

Kornelia Koepsell
Weißes Rauschen
Gedichte
Mit einem Nachwort von
Werner Söllner
Gebunden mit Schutzumschlag
104 Seiten
ISBN 978-3-945400-07-4

»Der Dichterin gelingt es, auf ihre ganz eigene, ureigene Art Historisches zu bewahren und beispielsweise Persönlichkeiten und Protagonisten der Antike in unsere Gegenwart zu transformieren und in aktuelle Beobachtungen und Zusammenhänge zu stellen und sie dort agieren zu lassen. [...] Es ist nicht nur ihre zarte Kunst, es ist ihre tiefe Menschlichkeit, die mich während der Lektüre ihrer Gedichte zu jemand machte, der von Kornelia Koepsell sagen kann, dass er mehr lesen möchte von ihr, überall und immer wieder.«
Michael Starcke, LYRIKwelt.de

In der Lyrik-Edition erschienen:

Alexandru Vona
Vitralii
Frühe Gedichte und Prosa
Aus dem Rumänischen
übertragen von Alexandru Bulucz
Mit einem Nachwort
von Peter Henning
Gebunden mit Schutzumschlag
104 Seiten
ISBN 978-3-945400-10-4

»Die in verschiedenen Grautönen gehaltene und einen unwirtlichen Raum schaffende Umschlagillustration von Maria Sulymenko suggeriert Bedrohung, Leere, Verlassenheit; geheimnisvoll und fremdartig klingt der [...] Buchtitel »Vitralii«, die rumänische Bezeichnung für Kirchenfenster. Der Band enthält zwölf Gedichte, denen die Faksimiles aus den jeweiligen Nummern der *Revista fundatiilor regale* (Zeitschrift der Königlichen Kulturstiftung) beigefügt sind, eine ›Die Glocke‹ betitelte Erzählung, neun Essays und sieben Kritiken zu rumänischen, englischen, amerikanischen und französischen Werken, die erhellende Auskunft über seine Interessen und Positionen geben.
[...] Geheimnisvoll wie der Titel, dabei voller Melancholie, Düsternis und Undurchdringlichkeit ist auch seine von großer Empfindsamkeit zeugende Lyrik.«
Anke Pfeifer, literaturkritik.de